FONDATION

DU PRIEURÉ DE SAINT-PERN

Chartes inédites des XIe et XIIe siècles

PAR

ARTHUR DE LA BORDERIE

Correspondant de l'Institut

NANTES

IMPRIMERIE VINCENT FOREST ET ÉMILE GRIMAUD

4, PLACE DU COMMERCE, 4.

1887

FONDATION DU PRIEURÉ DE SAINT-PERN

Extrait de la *Revue historique de l'Ouest*.

Tiré à 100 exemplaires.

FONDATION

DU PRIEURÉ DE SAINT-PERN

Chartes inédites des XIe et XIIe siècles

PAR

ARTHUR DE LA BORDERIE

CORRESPONDANT DE L'INSTITUT

NANTES

IMPRIMERIE DE VINCENT FOREST & ÉMILE GRIMAUD,

PLACE DU COMMERCE, 4.

—

1887

FONDATION DU PRIEURÉ DE SAINT-PERN

Chartes inédites des XIe et XIIe siècles

Les seigneurs qui faisaient au XIe siècle des fondations pieuses ne songeaient par là qu'à procurer à leur âme la vie éternelle en l'autre monde. Du même coup, sans y songer, ils ont trouvé le moyen de perpétuer en ce monde-ci, autant que cela est donné à l'homme, leur nom et leur mémoire. Des faits et des écrits de cet âge lointain rien n'a surnagé que par les clercs et les églises, surtout par les monastères et par les moines. Et les moines ayant pris un soin spécial pour préserver la mémoire des donations à eux faites ainsi que celle des donateurs, les familles issues de ceux-ci sont à peu près les seules qui puissent aujourd'hui reconnaître leurs auteurs dans cette haute antiquité.

Encore faut-il y regarder de très près, ou l'on risque de s'égarer sur une fausse piste et de prendre, comme on dit, martre pour renard. Ainsi est-il advenu à un collaborateur de la nouvelle édition du *Dictionnaire de Bretagne* d'Ogée qui, à l'article *Saint-Pern*, a voulu indiquer l'origine de la vieille famille bretonne connue sous ce nom, bien souvent nommée dans notre histoire, illustrée, entre autres, par ce vaillant capitaine qui, de concert avec le Boîteux de Penhoët et Bertrand du Guesclin, dirigea la glorieuse résistance de Rennes contre le duc de Lancastre, en 1356-1357.

C'est ce qui nous a décidé à publier les sept actes ci-dessous, d'ailleurs fort curieux, dont six du XIe siècle, un du XIIe, et tous, sauf un, inédits.

Nous les tirons de la copie faite au XVIIe siècle par les Bénédictins Bretons sur le Cartulaire de Saint-Nicolas d'Angers, et présentement conservée aux Manuscrits de la Bibliothèque Nationale, collection des Blancs-Manteaux, volume XLV, aujourd. ms. franç. no 22.329. Malheureusement, pour plusieurs de ces pièces, cette copie n'est qu'un extrait, où le transcripteur a remplacé par des *etc.* les clauses qu'il lui a plu de supprimer. Nous avons reproduit — ne pouvant faire mieux — ces *etc.*, mais nous tenons à prévenir le lecteur que les suppressions ainsi indiquées ne sont point de notre fait et que nous imprimons exactement tout le texte donné par les Blancs-Manteaux. Nous avons même cru devoir rééditer un acte publié par dom Morice (nº VI ci-dessous), parce qu'il est indispensable pour faire comprendre l'erreur commise par le collaborateur du *Dictionnaire* d'Ogée.

Nous allons analyser les pièces publiées ci-dessous, dont les dates sont justifiées dans les notes jointes à chacune d'elles.

I. — Vers l'an 1050, un chevalier du nom de Quirmarhoc [1], et sa femme Rotrouce *(Rotrucia)* donnèrent à l'abbaye de Saint-Nicolas d'Angers l'église de Saint-Pern (*ecclesiam Sancti Paterni*) avec un grand terrain à l'entour clos par des fossés, et qui, bien qu'on ne lui donne pas ce nom explicitement, devait être un de ces cimetières de vaste étendue où, sous l'égide du droit d'asile, les vivants venaient souvent habiter et prendre un refuge contre les entreprises de la violence. La donation de Quirmarhoc comprenait de plus une terre considérable, de la contenance de deux *charruées* et demie, ce qui représente environ quarante-trois à quarante-cinq hectares. — Peu de temps après, l'abbé de Saint-Nicolas, appelé Arraud, vint en Bretagne et passa les fêtes de Noël à Saint-Pern. Ce fut un événement pour le pays : Quirmarhoc, ses chevaliers (*cum suis militibus*), sa famille, et la vicomtesse de Dol elle-même, mère de Rivallon, sire de Combour, se rendirent à Saint-Pern pour assister aux offices célébrés solennellement par ce prélat. Les deux premiers jours de cette grande fête furent donnés exclusivement à la piété. Le troisième, Quirmarhoc vint rendre visite à l'abbé logé au prieuré et, séduit par son aménité, il ajouta à sa première donation un trait de dîme, une place à bâtir moulin

1. C'est là l'orthographe la plus fréquente de ce nom dans les actes ci-dessous : toutefois, on le trouve aussi écrit *Quinmarhoc*, *Quimmarhoc* et *Quimarhoc*. Sans en rechercher la signification, on peut du moins lui assigner une origine bretonne, *marhoc* ou *marhec* étant un mot breton dérivé de *marc'h*, cheval, et qui signifie cavalier ou chevalier.

dans une roseraie, et la moitié du produit de ses propres pêcheries. — Cet acte est le plus ancien où il soit question de l'église de Saint-Pern, qui n'était encore qu'une trève ou succursale de Plouasne (voir ci-dessous nº VII), située dans le diocèse d'Aleth (plus tard Saint-Malo), et qui est aujourd'hui une commune du canton de Bécherel, arrondissement de Montfort, département d'Ille et-Vilaine.

II. (vers 1050). — Trés peu de temps après, un prêtre et plusieurs laïques, possesseurs des dîmes ecclésiastiques dépendantes de l'église de Saint-Pern, les donnèrent aux moines de Saint-Nicolas chargés du service de cette église. Les plus notables de ces donateurs sont Josselin de Dinan et son frère Rivallon seigneur de Combour, dit Rivallon de Dol.

III (1062 à 1080). — Quirmarhoc, fidèle jusqu'à la fin à l'esprit de sa fondation, s'était fait enterrer au prieuré de Saint-Pern, et avant de mourir il avait anathématisé quiconque prétendrait ôter aux moines de Saint-Nicolas les biens dont il les avait dotés (voir nº I, vers la fin). Cet anathème n'empêcha pas l'un de ses fils, appelé Brient, de molester les moines au point de leur faire, abandonner le prieuré de Saint-Pern. Mais, au bout de quelques années, Brient et son frère Guinguenoc ou Ginguenou *(Guinguenocus)* firent prier l'abbé de Saint-Nicolas d'Angers de leur envoyer de nouveau quelques-uns de ses religieux, auxquels ils promirent de rendre tous les biens attribués au prieuré. L'abbé Hamon vint lui-même à Saint-Pern à cette occasion, et l'acte constatant cette reprise de possession fut dressé en sa présence dans la maison de Ginguenou, avec l'assentiment de ses fils Guillaume, Hingant et Mainfinit. Le rôle principal joué en cette circonstance par Ginguenou, doit le faire considérer comme l'aîné des deux fils de Quirmarhoc.

IV (1080 à 1096). — On connaît mal la postérité de Brient, quoiqu'on puisse lui attribuer pour fils un personnage mentionné dans notre nº VI (voir ci-dessous l'analyse de cette pièce). Quant à Ginguenou, il eut au moins quatre fils, Guillaume, Hingant, Mainfinit, Anger, et une fille dite Origon, mariée à Odon fils de Judicaël. Nous trouvons ces cinq enfants nommés dans notre nº IV, relatant une donation faite par Guillaume aux moines de Saint-Nicolas à l'occasion de l'entrée en religion de son frère

Hingant, qui paraît avoir eu lieu dans l'église de Saint-Pern : donation comprenant un moulin à Saint-Pern, une certaine étendue de terre près de l'église, un pré, etc. Cet acte nomme aussi la mère de tous ces enfants, la veuve de Ginguenou encore vivante à ce moment : elle s'appelait Piris. Enfin Guillaume figure là clairement comme l'aîné de la famille : c'est lui qui dote son frère entrant en religion, lui qui possède le fief où est située l'église de Saint-Pern, lui seul aussi qui se trouve désigné par un nom patronymique ; mais ce nom n'est point Saint-Pern : on l'appelle *Willelmus de Ploasmio* ou *de Ploasmo*, Guillaume de *Plouasne*. Nous tâcherons tout-à-l'heure d'expliquer ce nom.

V (1080 à 1096). — Vers le même temps, les moines de Saint-Nicolas achetèrent un champ et un courtil situés à Saint-Pern d'un certain Guillaume Grannart qui avait trois frères : Tébaud, Robert, Quirmarhoc. Les deux premiers consentirent facilement à cette vente. Quirmarhoc s'y opposa et voulut en empêcher l'effet. Les moines furent obligés de faire venir d'Angers leur abbé, qui alors s'appelait Noël, pour plaider contre Quirmarhoc devant le tribunal du seigneur de Saint-Pern, Guillaume de Plouasne. Moyennant une somme d'argent que l'abbé donna au récalcitrant, l'affaire s'arrangea. Mais notez ce Quirmarhoc, frère de Grannart, car nous verrons tout à l'heure que, mort ou vif, il était prédestiné à mettre le trouble partout.

VI (1080 à 1096). — Guillaume de Plouasne, comme seigneur de Saint-Pern, possédait tous les droits féodaux sur le moulin de Saint-Pern donné par lui (suivant le n° IV ci-dessus) aux moines de Saint-Nicolas. Mais il en partageait la propriété avec un de ses vassaux, ce Guillaume Grannart dont on vient de parler. Par la donation portée en notre n° IV, les moines avaient été investis de l'autre moitié de la propriété ainsi que des droits féodaux. Grannart ayant eu besoin d'argent leur engagea sa part de propriété ; puis, pour aider l'un de ses frères (Tébaud) qui avait pris la croix et voulait aller en Palestine, il la leur vendit définitivement, et les moines restèrent ainsi seuls maîtres du moulin. Le terrible Quirmarhoc, frère de Grannart, n'était plus là pour faire des difficultés ; il avait laissé un fils, Bresel ou Bressel, qui consentit de bonne grâce à cette vente. Mais ce Quirmarhoc a causé la méprise du collaborateur du *Dictionnaire* d'Ogée, qui l'a confondu avec le chevalier de même nom fondateur du prieuré, et qui a voulu voir en lui et en son fils Bresel les deux premiers seigneurs de Saint-Pern. Erreur insoutenable, car nos deux actes V et VI prouvent clairement que le Quirmarhoc père de Bresel était le frère de Grannart, et celui-ci le vassal de Guillaume de Plouasne[1] véritable seigneur de Saint-Pern et petit-fils du Quirmarhoc fondateur du prieuré.

Mais pourquoi ce seigneur porte-t-il ici le nom de *Plouasne?* D'après la charte n° VII, dont nous parlerons tout à l'heure, l'église de Saint-Pern jusqu'en 1149 n'était qu'une trève ou succursale dépendant évidemment de la vaste paroisse de Plouasne dont le territoire l'enveloppe encore aujourd'hui de trois côtés. Nul doute que les possessions de Quirmarhoc, fondateur du prieuré, et celles de ses descendants ne s'étendissent à la fois en Saint-Pern et Plouasne, et l'on s'explique qu'ils aient pris pour nom patronymique celui de ces deux noms qui s'appliquait à un territoire plus important, c'est-à-dire le dernier. Plus tard, par des circonstances que nous ignorons, la famille s'étant trouvée réduite à ses possessions de Saint-Pern, se fixa définitivement à ce dernier nom. — Notez que dans notre acte n° VI, à côté de Guillaume de Plouasne nous trouvons un Bili de Plouasne qui doit appartenir à la même famille, qui ne peut cependant être rangé parmi les enfants de Ginguenou, et dans lequel il y a lieu de voir dès lors un fils de Brient frère de Ginguenou.

VII (1149). — Reste à dire quelques mots de notre dernière pièce. C'est une ordonnance épiscopale émanant de saint Jean de la Grille, qui venait de transférer d'Aleth à Saint-Malo le siège de son évêché. Les formules sont curieuses : « Quia generatio preterit et generatio advenit, *terra vero in æternum stat.* » Et un peu plus loin, en parlant de la dignité épiscopale : « *Pontificalis culminis clementiæ convenit.* » L'objet de cet acte, adressé à Barthélemi, abbé de Saint-Nicolas d'Angers, est de confirmer ce monastère dans la possession de l'église de Saint-Pern et de conférer à celle-ci les privilèges des églises *matrices,*

1. « Willelmum de Plossmo, *de cujus fevo molendinum erat.* » Voir ci-dessous le texte de la pièce.

recevant la visite épiscopale (*synodales et matrices ecclesiæ*), où tous les sacrements sont administrés, entre autres le baptême, l'extrême-onction, et qui participent par conséquent à la distribution du saint chrême. — Donc, avant cette ordonnance Saint-Pern n'était qu'une succursale, dépendant, comme Bécherel à la même époque [1], de la vaste paroisse de Plouasne.

Au demeurant, en ce qui touche les seigneurs primitifs de Plouasne-Saint-Pern, les actes publiés ci-dessous nous font connaître trois générations, toutes trois du XIe siècle :

1° Quirmarhoc, fondateur du prieuré, et Rotrouce, sa femme ;

2° Leurs enfants : *Ginguenou* marié à Piris, et *Brient* ;

3° Enfants de Guinguenou et de Piris, savoir : *Guillaume de Plouasne*, Hingant, moine de Saint-Nicolas d'Angers, Mainfinit, Anger, Origon (fille), mariée à Odon fils de Judicaël ;

3° bis, *Bili de Plouasne*, fils de Brient.

Suit le texte des pièces.

Arthur de la Borderie.

I [2]

Donation de l'église de Saint-Pern et de divers biens aux moines de Saint-Nicolas d'Angers par Quirmarhoc, chevalier.

(Vers 1050.)

Ad posterorum notitiam commendavimus quod quidam miles, Quirmarhocus nomine, cum Rotrucia uxore sua dedit nobis monachis in monasterio Sancti Nicholai Deo servientibus, in Britannia minori, ecclesiam Sancti Paterni cum clauso terræ quod est circum, fossatis eam dividente, immunem sicut ipse habebat ab omni cosdume retinaculo : excepto quod si sui fevati homines in nostra terra hospitarent et ipsi ei injustitiam facerent, nostri monachi eos distringerent. Si vero fortiores pro monachis se nollent distringere, de clauso nostro vetarentur, et postea ipse senior de illis jus suum sibi, concessu nostro, inquireret. Similiter dedit nobis terram ad duas carrucatas et dimidiam, liberam et quietam totius cosdumæ. — Postea vero, abbas loci nostri

1. Voir D. Morice, *Preuves* I, 609.
2. Blancs-Manteaux, vol. 45, p. 329 et 557.

Arraudus [1] perrexit in Britanniam ad Sanctum Paternum, ad unum Natale, necessitatis nostræ causa. Quod audiens Quirmarbocus, abbatem videlicet ibi esse Arraudum, venit illuc cum suis militibus atque sua familia, et cum eo affuit vicecomitissa de Dolo, mater Rivalloni vicecomitis, et fuerent ibi ad festivitatem, abbatis gratia qui ibidem aderat. Cumque transactus esset dies secundus Natalis, in die tertio venit Quimarhocus ad hospitium nostrum, ubi abbas erat, deditque ei, ob famulatum quem ei abbas exhibuerat, decimam suam de Languoro Jaloio, et medietatem areæ ad faciendum unum molendinum in roseto inter se et nos, et medietatem omnium piscaturarum suarum. — Huic dono interfuerunt Gislardus, Herveus, Glaio, Guerrarius, Cristianus, de quibus ipse Quirmarhocus accepit fidem ut ipsi nobis de hac re testes existerent quamdiu adviverent, et ob hanc rem dedit eis abbas Arraudus benefactum nostræ ecclesiæ. — Hujus rei misit Quirmarhocus donum super altare ecclesiæ Sancti Paterni, etc. Qui, cum moreretur, jussit se adportare ad Sanctum Paternum, et voluit et anathematisavit illos qui aliquid auferrent de rebus quas donaverat. Et cum mortuus est, allatus est ad Sanctum Paternum ibique humatus est (*Ex Cartulario XII sæculi.*)

II [2]

Donation des dîmes de Saint-Pern à Saint-Nicolas d'Angers par Josselin de Dinan, Rivallon de Dol, et autres.

(*Vers 1050.*)

Notum sit, etc. quod Goscelinus de Dinam [3] dedit Sancto Nicholao suam partem de decima terræ sancti Paterni. Hujus rei sunt testes Quinhuaret,

1. Arraud était abbé de Saint-Nicolas d'Angers en 1062 ; on ignore les dates précises du commencement et de la fin de son *abbatiat*; on sait que son prédécesseur Hilduin était abbé en 1040, et son successeur Hamon en 1074. (Voir *Gallia Christiania* XIV, 670). Il y a donc lieu de placer le gouvernement abbatial d'Arraud de 1050 à 1070 environ.

2. Bl. Mx. vol. 45, p. 530.

3. Ce Josselin de Dinan figure comme témoin dans l'acte d'une donation faite à l'abbaye de Saint-Georges de Rennes par Berthe, duchesse de Bretagne, femme du duc Alain III, laquelle dans cet acte déclare qu'elle vient, la veille même, d'apprendre la mort de son mari (voir D. Morice, *Preuves de l'histoire de Bret.* I, 393). Alain III étant mort en 1040, cela donne la date de cet acte et par conséquent l'époque de Josselin de Dinan ; mais ce personnage vécut encore assez longtemps après cette date ; c'est pourquoi, en tenant compte de ce qui a été dit à la note 2 du n° I ci-dessus sur l'époque de l'abbé Arraud, il y a lieu de placer vers l'an 1050 cette pièce et la précédente, contemporaines l'une et l'autre de la fondation primitive du prieuré de Saint-Pern.

Rotbertus consul, Quinhardus prepositus Ploasue. De hac eadem terra dedit Sancto Nicholao Rivallonus, frater ejus, de Dolo suam partem decimæ[1]. Hujus rei sunt testes Fretaldus et Hato pater ejus. De hac eadem quoque terra dedit Arveus suam partem decimæ Sancto Nicholao. Radulfus quoque, filius Donoalloni, donavit Sancto Nicholao de ista terra suam partem decimæ. Brientus quoque præsbiter dedit nobis suam partem decimæ. Hoc donum factum est quando Johannes et Amicus erant in illa nostra obedientia Sancti Paterni. Ob cujus doni recompensationem, acceperunt omnes isti benefactum ecclesiæ Sancti Nicholai, partem videlicet in missis, in elemosinis, in jéjuniis monachorum ibidem Deo serventium, ad remedium animarum suarum et animarum parentum suorum.

III[2]

Les moines de Saint-Nicolas, chassés, puis rétablis à Saint-Pern par les fils de Quirmarhoc.

(*1062 à 1080.*)

Post mortem Quinmarhoc, fecit Brientius filius ejus aliquantulum contrarii monachis ibi manentibus : ob quam rem monachi obedientiam reliquerunt et ad suum monasterium cum rebus suis redierunt. Transcursis autem annorum multis curriculis, recognoscentes Guinguenocus et Brientius frater ejus, de quibus monachi supradicta tenuerant, quod male faciebant de hoc quod obedientiam Sancto Nicholao et monachis ejus auferebant, pro abbate Hamone[3] et monachis mandaverunt, et eis ut obedientiam suam reciperent obtulerunt[4]. Dederunt quoque Guinguenocus et Brientius frater ejus aream ad molendinum faciendum, etc. Annuerunt etiam ut si aliqui de hominibus eorum in burgo monachorum herbergarentur et monachis aliquid forfacerent, monachi eos in curia sua distringerent. Quod si aliquis eorum, pro fortitudine vel superbia, se pro eis distringere noluerit, clamabunt se monachi de eo ad illius terræ dominos illique eos distringerent, et hoc in curia monachorum.

1. D. Morice a publié ces premières lignes dans les *Preuves de l'Histoire de Bretagne* (I, 426), mais il s'est arrêté là et a omis tout le reste.

2. Bl. M. vol. 45, p. 530.

3. Hamon, abbé de Saint-Nicolas d'Angers, succéda à Arraud ; on ignore les dates précises du commencement et de la fin de l'abbatiat d'Hamon ; on sait, comme nous l'avons déjà dit, qu'Arraud était abbé en 1062, Hamon en 1074 et 1079, et que dès 1080 il était remplacé par l'abbé Noël (*Gall. Christ.* XIV, 640).

4. Dans les Blancs-Manteaux, ce qui précède forme le premier extrait transcrit sur la p. 530 du vol. 45 ; ce qui suit n'est que le quatrième extrait ; mais, d'après une note du transcripteur, ces deux extraits appartiennent à la même pièce.

Factum est hoc in domo Guinguenoci, videntibus et concedentibus filiis suis Willelmo et Hingant et Mainfinito. Testibus abbe Hamone, R. mo. De famulis et testes etiam Brientius Abbas et Herveus Bocel, etc.

IV [1]

Donation aux moines de Saint-Nicolas par Guillaume de Plouasne, petit-fils de Quirmarhoc, lors de l'entrée en religion de son frère Hingant.

(1080 à 1096.)

Willelmus de Ploasmio dedit Deo et Sancto Nicholao, pro fratre suo Hingando quando venit ad monachicam vitam, unum molendinum apud Sanctum Paternum, terram juxta ecclesiam et pratum, etc. Pro salute patris sui Guinguenoci et matris nomine Piris adhuc viventis, et fratrum suorum Mainfiniti presentis, Ansgerii, aliorumque parentum et amicorum, predicta matre et Mainfinito concedente, in manu Natalis abbatis [2] posuit, et post super altare Sancti Paterni portavit, videntibus, de monachis, Beringerio priore, Rad. abbatis bajulo ; de famulis, etc.; de parte Guillelmi : Guirmarhoc, Rotberto Salvagio, Tetbaudo, fratribus ; Brientio, Radulfo presbytero, Roberto Radulfi filio, Odone filio Judicaelis cum uxore sua nomine Origon sorore Guillelmi supradicti et fratrum suorum, Odone filio Gonneri, Mainfinito fratre suo, etc.

V [3]

Acquisitions par les moines de Saint-Nicolas du champ et du courtil de Guillaume Grannart, à Saint-Pern.

(1080 à 1096.)

Post hoc emerunt monachi de Willelmo Grannart campum et curtile XI. solidis, concedentibus Tetbaudo et Roberto fratribus suis, etc. Quod Quirmarhoc frater ejus audiens, venditionem istam calumpniavit. Monachi autem propter abbatem suum miserunt, et cum eo ad placitum contra Quirmarhoc venerunt. De placito concordiam fecerunt et V. solidos ipsi Quirmarhoc et alios V. Guillelmo dederunt, etc. Testibus abbate Natali [4] et Willelmo de Ploasne, Tehel, etc. Tempore autem Rodaldi Monachi, venit Guillelmus Grannart et abstulit substantiam hominum monachorum, de quo clamavit se

1. Bl.-Mx. vol. 45, p. 530 et 557.
2. Noël (*Natalis I*) fut abbé de Saint-Nicolas d'Angers de 1080 à 1096 (*Gall. Christ.* XIV, 670-671).
3. Bl.-Mx. vol. 45, p. 531.
4. C'est le même abbé que dans le n° IV, ce qui date cette pièce comme la précédente de 1080 à 1096.

Rodaldus Mentatgualo, qui distrinxit eum et ad placitum venire fecit, etc. Dedit autem Rotbertus monachus [1] porcum quem ipse nutrierat, etc.

VI [2]

Les moines de Saint-Nicolas acquièrent de Guillaume Grannart la part possédée par lui dans le moulin de Saint-Pern.

(1080 à 1096.)

Tempore quo Drogo monachus erat apud Sanctum Paternum, tradidit ei Willelmus Grannart partem suam molendini quod est ibi in vadimonium pro XXIV. solidis illius monetæ, tali pacto ut medietas partis se redimeret et alteram monachi in præmio haberent. Quod audiens abbas Natalis [3], prohibuit fieri et jussit ut tota pars molendini in pretium et in præmium reciperetur, quousque molendinum acquitaretur. Accidit interea quod Tebaudus, frater Willelmi, crucem acciperet et Jerusalem pergere vellet; qui fratrem Guillelmum adiit, et ut de substantia sua sibi daret ad tantum iter peragendum expetiit, alioquin hæreditatem suam se venditurum esse dixit. Quod Willelmus audiens et hæreditatem fratris sui volens sibi retinere, partem suam supradictam molendini venalem fecit. Quod Warnerius et Hingandus monachi audientes, partem supradictam molendini ex toto sibi retinuerunt et XXI. solidos (nam de tribus adquitatum erat) ei quittos donaverunt, et insuper XXXXIX. solidos ei dederunt. Dedit ergo Willelmus et vendidit partem suam molendini solutam et quittam Sancto Nicholao et monachis ejus, et nepotem suum Bresel filium Quinmarhoc concedere fecit. De hac venditione et conventione in perpetuum firmiter tenenda misit Willelmus plegios per fidem [4] Willelmum de Ploasmo de cujus fevo molendinum erat, et Odonem filium Judicaelis, et Bili de Ploasmo; et in plano plegio Goffridum de Dinan, et filium ejus Oliverium, et Evenum filium Bressel, et Mainfinitum fratrem Hingandi monachi. Actum est hoc apud Ploasmum, plegiis supradictis testibus et Duallone præsbitero.

1. Cet éleveur de porcs devait être le compagnon du prieur Rouaud (*Rodaldus*), car on voit, par les actes ci-dessus, n°s II et V, qu'il y avait à Saint-Pern, en résidence, deux moines de Saint-Nicolas d'Angers.

2. Bl. Mx, vol. 45; p. 529.

3. Même abbé que dans les deux pièces précédentes, donc même époque de 1080 à 1096.

4. D. Morice a publié toute cette pièce (*Preuves* I, 490) et assez exactement, sauf un mot : au lieu de « plegios per *fidem,* » ce qui indique que les plèges ou cautions dont les noms suivent avaient prêté serment, il a imprimé « per *fidelem,* » ce qui fait un contre-sens et même un non-sens.

VII [1]

S. Jean de la Grille, évêque de Saint-Malo, confirme les moines de Saint-Nicolas dans la possession de Saint-Pern et érige cette église en paroisse.

(1149.)

Annus et annus abit. Quia igitur generatio preterit et generatio advenit, terra vero in eternum stat, Johannes, Dei gratia Sancti Maclovii vocatus episcopus, dilecto suo Bartholomeo, venerabili Sancti Nicholai abbati, et successoribus in perpetuum. Pontificalis culminis clementiæ convenit religiosas personas et precipue religionis caractere insignitas diligere, honorare et manutenere, eorumque bona conservare et possessionum terminos, in quantum juste et canonice potuerit, dilatare. Unde, dilecte in Christo fili Bartholomee, quoniam in monasterio tuo monasticam vigere et fervere cognovimus disciplinam, tibi tuisque successoribus ecclesiam Beati Paterni, quæ a multis retro temporibus ad jus cenobii tui pertinere dinoscitur, confirmantes concedimus, ut eam in perpetuum et absque ulla mutatione [2] possideas. Confirmamus etiam et annuente Domino statuimus ut ab omni subjectione, preter episcopi et officialium ejus, libera et immunis omnino existat [3]. Decernimus quoque ac presentis auctoritate previlegii confirmamus ut amodo matrix ecclesia permaneat. Crisma quoque et baptismum ac cætera sacramenta, quæ cæteræ synodales et matrices ecclesiæ ex antiqua predecessorum nostrorum vel institutione vel libertate obtinent, in integrum possideat futurisque temporibus habeat. Monachus autem qui ab abbate vel capitulo ad eam destinatus fuerit, episcopi aut archidiaconi obtutibus suam exhibebit presentiam, ut ab eis animarum curam suscipiat et ipsi pastoralem solicitudinem sibi committant, quandiu in his quæ ad animarum salutem spectant obedierit [3]. Et ne sequenti evo hec unquam valeant infirmari, presentem scedulam sigilli nostri auctoritate muniri fecimus. Actum est hoc solempniter, anno ab Incarnatione Domini millesimo centesimo quadragesimo nono, apud Andegavim, in domo Beati Nicholai, Eugenio papatum obtinente, ejusdem urbis episcopatum domino Normanno, consularitatem vero Gaufrido.

1. Bl.-M. vol. 45, p. 560.
2. La copie des Bl.-M. porte « mutilatione, » qui est certainement une faute.
3.-3. Tout le passage commençant à « *Decernimus* » et finissant à « *obedierit* » manque dans les Bl.-M. Nous le tirons d'un volume presque introuvable, contenant un petit recueil de chartes de Saint-Nicolas d'Angers et intitulé : « *Rerum scitu dignissimarum à prima fundatione monasterii S. Nicolai Andegavensis ad hunc usque diem* Epitome, per fr. Laurentium Le Peletier, Andegavi, apud Adamum Mauger, typographum. M.DC.XXXV. » — Ce volume, avec bien d'autres non moins rares, fait partie de la précieuse bibliothèque de M. le marquis de Villoutreys, qui a bien voulu nous le communiquer.

Nantes. — Imp. Vincent Forest et Émile Grimaud, place du Commerce, 4.

www.ingramcontent.com/pod-product-compliance
Lightning Source LLC
LaVergne TN
LVHW010221230826
846091LV00008BB/3611
9782013588218